Cleber Galhardi
Ilustrações: Rafael Sanches

Instituto Beneficente Boa Nova
Entidade coligada à Sociedade Espírita Boa Nova
Av. Porto Ferreira, 1.031 | Parque Iracema
Catanduva-SP | CEP 15809-020
www.boanova.net | boanova@boanova.net
Fone: (17) 3531-4444

Moisés revelou que Deus é único, plantando a semente das ideias cristãs. Jesus mostrou que Deus é amor, ensinando a moral mais pura e sublime. O Espiritismo veio para relembrar os homens sobre a importância de se praticar aquilo que Jesus ensinou.

{ *... por que eu vos digo, em verdade, que o céu e a Terra não passarão antes que tudo o que está na lei não seja cumprido perfeitamente, até um único jota e um só ponto.* }

Com Jesus aprendemos que somos eternos e que existe uma vida futura. O Espiritismo estuda e ensina os detalhes da vida futura no plano espiritual, para onde iremos após deixar a vida na matéria.

{ *Pilatos, então, lhe disse: Sois, pois, rei? – Jesus lhe replicou: Vós o dissestes; eu sou rei; eu não nasci e nem vim a este mundo senão para testemunhar a verdade; qualquer que pertença à verdade escuta minha voz.* }

Olhe quantas estrelas e planetas existem! A diversidade de mundos existentes proporciona a oportunidade de os espíritos evoluírem, por isso, chamamos o Universo de "Casa do Pai".

Crede em Deus, crede¹ também em mim. – Há muitas moradas na casa de meu Pai; se assim não fosse, eu já vos teria dito, porque eu me vou para preparar o lugar...

¹Crede: tomar por verdadeiro; acreditar

A passagem pela vida corpórea é necessária para que possamos cumprir o que Deus determinou: nosso desenvolvimento espiritual. Então, voltaremos quantas vezes forem necessárias através da reencarnação.

{ *Jesus lhe respondeu: Em verdade, em verdade vos digo: Se um homem não renascer da água e do Espírito, não pode entrar no reino de Deus. – O que é nascido da carne é carne, e o que é nascido do Espírito é Espírito.* }

Nosso planeta nos impõe muitos desafios, e alguns nos causam dor e sofrimento. Precisamos ter fé e continuar sempre, buscando melhorar, com a certeza de que receberemos o apoio de Jesus em todos os momentos.

{ *Vós sois felizes, vós que agora chorais, porque rireis.* }

Jesus é um consolador, quer dizer, aquele que alivia, conforta e dá ânimo. Ele está sempre pronto para nos ajudar e faz isso através dos ensinamentos que deixou e por meio de espíritos amigos que estão sempre ao nosso lado.

Se vós me amais, guardai meus mandamentos; – e eu pedirei a meu Pai e ele vos enviará um outro consolador, a fim de que permaneça eternamente convosco: o Espírito de Verdade que o mundo não pode receber, porque não o vê e não o conhece.

A simplicidade do coração e a humildade são virtudes que nos aproximam de Deus. Exercitá-las é um passo importante para a conquista de nossa felicidade.

{ *... porque quem se eleva será rebaixado, e quem se rebaixa será elevado.* }

A criança é o símbolo do coração puro e foi o modelo utilizado por Jesus para nos ensinar a verdadeira humildade.

{ *Bem-aventurados aqueles que têm o coração puro, porque verão a Deus.* }

O exercício do bem ensina a respeitar as pessoas. A consequência desse exercício produz relacionamentos verdadeiros e duráveis.

{ *Bem-aventurados aqueles que são brandos[1], porque eles possuirão a Terra.* }

[1]Brandos: que reflete suavidade, doçura

Quem sabe perdoar constrói uma vida saudável e mantém o coração em paz.

{ *Senhor, quantas vezes perdoarei ao meu irmão, quando ele houver pecado contra mim? Será até sete vezes? – Jesus lhe respondeu: Eu não vos digo até sete vezes, mas até setenta vezes sete vezes.* }

Quando Jesus recomendou "Amareis vosso próximo como a vós mesmos", ele nos deu o segredo da felicidade.

{ *Tratai todos os homens da mesma forma que quereríeis que eles vos tratassem.* }

Não podemos controlar os pensamentos daquele que se considera nosso inimigo, mas temos sempre a chance de orar por ele e de respeitar sua opinião.

Mas, por vós, amai os vossos inimigos, fazei o bem a todos, e emprestai sem disso nada esperar, e então vossa recompensa será muito grande, e sereis os filhos do Altíssimo, que é bom para os ingratos e mesmo para os maus.

Pratique sempre a caridade. Ela alimenta nossa alma e faz do mundo um lugar melhor para se viver. Bons pensamentos e sentimentos sobre as pessoas também é uma forma de praticar caridade.

Tomai cuidado de não fazer as vossas boas obras diante dos homens para serem vistas por eles, de outro modo não recebereis a recompensa de vosso Pai que está nos céus.

Temos que valorizar os conselhos de nossos pais! Eles são nossos amigos e estão sempre dispostos a fazer o melhor por nós.

{ *Vós sabeis os mandamentos: ... não matareis; não furtareis[2]; não prestareis falso-testemunho[3]; não fareis mal a ninguém; honrai a vosso pai e a vossa mãe.* }

[2] Furtareis: apossar-se de (coisa alheia); roubar
[3] Falso-testemunho: que não é verdadeiro em um depoimento ou declaração.

Quem faz da caridade um hábito constante aprende a valorizar as qualidades do coração e está sempre pronto a auxiliar o próximo.

Amareis o Senhor vosso Deus de todo o vosso coração, de toda a vossa alma e de todo o vosso Espírito. – Eis aí o maior e o primeiro mandamento. – E eis o segundo, que é semelhante a este: Amareis vosso próximo como a vós mesmos.

A verdadeira riqueza está na capacidade de saber usar os benefícios que recebemos de Deus. Isso inclui saber preservar, doar e dividir nossa riqueza material e espiritual.

{ *Jesus lhe disse: Se quereis ser perfeito, ide, vendei o que tendes e dai-o aos pobres, e tereis um tesouro no céu; depois, vinde e me segui.* }

Está mais perto da perfeição aquele que aceita seus limites e mesmo assim trabalha para o seu progresso e para o progresso daqueles que estão à sua volta.

Amai os vossos inimigos; fazei o bem àqueles que vos odeiam e orai por aqueles que vos perseguem e que vos caluniam; – porque, se não amais senão àqueles que vos amam, que recompensa com isso tereis?

Não se preocupe em convencer as pessoas sobre sua bondade com palavras. Pratique o bem e saiba que o exemplo conquista mais que palavras ditas, mas não praticadas.

{ *Todo aquele, pois, que ouve estas palavras que eu digo e as pratica será comparado a um homem sábio que construiu sua casa sobre a rocha; – e logo que a chuva caiu e que os rios transbordaram, que os ventos sopraram e se abateram sobre essa casa, ela não tombou porque estava fundada sobre a rocha...* }

A fé verdadeira acalma, dá força e nos faz acreditar que Deus está sempre cuidando para que nossas vidas melhorem, mesmo quando enfrentamos alguns obstáculos.

{ *Tende a fé em Deus. – Eu vô-lo digo em verdade, que todo aquele que disser a essa montanha: Tira-te daí e te lança ao mar, e isso sem hesitar em seu coração, mas crendo firmemente que tudo o que houver dito acontecerá, ele o verá com efeito acontecer.* }

O cristão verdadeiro entende que Deus trabalha até hoje e que Jesus, durante toda a sua vida, dedicou-se a ensinar e auxiliar as pessoas. Portanto, aceita o trabalho com alegria e jamais desiste de espalhar o bem.

{ *Por que permaneceis aí durante todo o dia sem trabalhar? – É, disseram-lhe, porque ninguém nos assalariou; e ele lhes disse: Ide vós também, vós outros, para a minha vinha.* }

Nossas ações são os nossos frutos. Bons frutos somente aparecerão se nossa forma de pensar e agir for boa!

Uma boa árvore não pode produzir maus frutos, e uma árvore má não pode produzir bons frutos.

Tudo o que foi inventado pelo homem está sujeito a mudança; somente aquilo que Deus criou é eterno.

{ *Que o homem, pois, não separe o que Deus juntou.* }

A inteligência de Jesus era muito superior à dos homens de sua época e até à dos de hoje. Por isso, nem sempre as pessoas entendem o que Ele falou.

{ *Então, Pedro lhe disse: Por nós, vedes que tudo deixamos e que vos seguimos.* }

O verdadeiro Mestre é aquele que deseja o melhor para aqueles que o seguem. Está sempre pronto para ouvir, ensinar e promover a melhora do discípulo. Por isso, Jesus que ouviu e ensinou tudo o que pôde, é o maior Mestre que já existiu.

{ *Mas Jesus os tendo ouvido, disse-lhes: Não são aqueles que estão bem, mas os doentes, que têm necessidade de médico.* }

Quem procura acha, daí a necessidade de estarmos sempre procurando o bem para encontrá-lo. Quando nos ajudamos, somos ajudados.

{ *Procurai, pois, primeiramente o reino de Deus e a sua justiça, e todas essas coisas vos serão dadas por acréscimo.* }

Todos nós possuímos um dom ou uma habilidade. Quando os descobrirmos, sejam quais forem, devemos aprender a ajudar alguém com eles.

{ *Dai gratuitamente o que gratuitamente recebestes.* }

Sempre que possível, faça uma prece ao seu anjo da guarda. Todos nós temos um amigo invisível, enviado por Deus, que está pronto para nos ouvir e vir em nosso auxílio.

{ *Mas, quando quiserdes orar, entrai no vosso quarto e, estando fechada a porta, orai ao vosso Pai em segredo; e vosso Pai, que vê o que se passa em segredo, vos recompensará.* }